暴虐之君
——商纣

◎ 主编 金开诚

◎ 编著 管宝超

吉林出版集团有限公司

吉林文史出版社

图书在版编目（CIP）数据

暴虐之君——商纣/管宝超编著.--长春:吉林
出版集团有限责任公司:吉林文史出版社,2010.11（2023.4重印）
ISBN 978-7-5463-3981-8

Ⅰ.①暴… Ⅱ.①管… Ⅲ.①纣－传记－通俗读物
Ⅳ.①K827=23

中国版本图书馆CIP数据核字(2010)第205566号

暴虐之君——商纣

BAONUE ZHI JUN SHANG ZHOU

主编/金开诚　编著/管宝超

项目负责/崔博华　责任编辑/崔博华　高原媛

责任校对/高原媛　装帧设计/柳甫泽　张宣婷

出版发行/吉林出版集团有限责任公司 吉林文史出版社

地址/长春市福祉大路5788号　邮编/130000

印刷/天津市天玺印务有限公司

版次/2010年11月第1版　印次/2023年4月第5次印刷

开本/660mm×915mm　1/16

印张/9　字数/30千

书号/ISBN 978-7-5463-3981-8

定价/34.80元

编委会

前　言

　　文化是一种社会现象，是人类物质文明和精神文明有机融合的产物；同时又是一种历史现象，是社会的历史沉积。当今世界，随着经济全球化进程的加快，人们也越来越重视本民族的文化。我们只有加强对本民族文化的继承和创新，才能更好地弘扬民族精神，增强民族凝聚力。历史经验告诉我们，任何一个民族要想屹立于世界民族之林，必须具有自尊、自信、自强的民族意识。文化是维系一个民族生存和发展的强大动力。一个民族的存在依赖文化，文化的解体就是一个民族的消亡。

　　随着我国综合国力的日益强大，广大民众对重塑民族自尊心和自豪感的愿望日益迫切。作为民族大家庭中的一员，将源远流长、博大精深的中国文化继承并传播给广大群众，特别是青年一代，是我们出版人义不容辞的责任。

　　本套丛书是由吉林文史出版社和吉林出版集团有限责任公司组织国内知名专家学者编写的一套旨在传播中华五千年优秀传统文化，提高全民文化修养的大型知识读本。该书在深入挖掘和整理中华优秀传统文化成果的同时，结合社会发展，注入了时代精神。书中优美生动的文字、简明通俗的语言、图文并茂的形式，把中国文化中的物态文化、制度文化、行为文化、精神文化等知识要点全面展示给读者。点点滴滴的文化知识仿佛颗颗繁星，组成了灿烂辉煌的中国文化的天穹。

　　希望本书能为弘扬中华五千年优秀传统文化、增强各民族团结、构建社会主义和谐社会尽一份绵薄之力，也坚信我们的中华民族一定能够早日实现伟大复兴！

目录

一、幼年岁月

（一）安逸的童年

纣王出生在帝王之家，父亲帝乙是统治八百多诸侯的商王，权倾天下；母亲妇戊贵为王后，统领后宫，被万民敬仰。纣王从出生那天起，便十分娇贵，很是得宠。等到他满月这天，帝乙在王宫九间大殿大宴群臣，以庆贺他喜得贵子。群臣山呼："万寿无疆！"进贡礼拜，宴席上山珍海味、美酒佳肴，尽情享用。

帝辛贵为王子,自幼受宠,吃穿用度都是人世间的精品,少不了锦衣玉食。营养充足,发育自然很好,体力和智慧都超出普通儿童。他活泼好动,所到之处,听到的都是赞扬声,看到的都是恭维相。在帝辛幼小的心灵中早就形成了高人一等的优越感。

　　帝辛很小的时候就知道享受，即使睡觉时也不躺在床上，由两个漂亮的女奴张着一张兽皮，帝辛躺在兽皮中间，女奴晃悠着兽皮，哼着小曲才能让他入眠。醒来时，帝辛看着汗流浃背的女奴，十分开心，咧着嘴儿笑。他还有个怪脾气，专挑漂亮的女奴抱着玩，若是看到长相丑陋的女性，就又哭又抓，说什么也不让她抱。

帝辛在开始学习走路的时候，常常闹着要看宫中的歌舞百戏。有一次，女奴抱着帝辛看两个男奴角斗博戏，当他看到其中一个男奴被打得鼻青脸肿而倒地时，帝辛竟攥着小拳头打女奴的头，直到把女奴打倒，他才高兴地拍着手笑了。

帝辛是商王的宠儿、王后的心肝宝贝，衣来伸手，饭来张口，吃住行等一切事宜，都有奴隶伺候，无拘无束，尽情玩乐。每当帝乙在殿前宫中饮酒作乐的时候，帝辛总是闹着坐上座，要吃要喝。开始时，帝乙逗着帝辛喝酒，用手指蘸着酒给帝辛吃，也许那时的酒并不像今天的酒那么辣，帝辛觉得吮吸帝乙手指上的酒不过瘾，伸手抓过一爵就喝干净了。帝乙和王后见了，高兴得不得了，他们认为，帝辛生在王宫，贵为王子，吃喝玩乐是天赐之福、理所当然之事，只有奴隶才没资格享受，帝辛就是在这样的家庭环境中度过了安逸的童年。

（二）文采非凡

帝辛智商很高，聪明颖悟、灵敏多才、机智勇敢、口齿伶俐、能言善辩。长到7岁的时候，便能与大哥启、二哥仲衍一起习文练武了。

帝辛力大，常常与比他大的哥哥较力，两个哥哥也常常被他摔倒在地。三年工夫，刀枪斧钺，各种兵器在帝辛手里，已经舞弄得十分娴熟了，大哥、二哥常自叹不如。

一日，当时最有文化的史官教帝辛和他的两个哥哥学习文字。史官搬来几大片龟甲，手握青铜刀，在每片龟甲上分别刻出一行，作为范字，然后让启、仲衍、帝辛仿照刻出，就像今天我们习字临帖一样。只不过当时没有笔和纸，只好用刀在龟甲兽骨上刻画文字。启和仲衍学刻甲骨文字十分认真，一刀一笔一丝不苟，刻出的文字工整清楚。史官见了，不住地夸

奖。

再看帝辛，只见他只管拿着青铜刀玩耍，眼见两个哥哥已经刻完，他才动手，一边读着，一边刻着，不一会儿，一行歪歪斜斜、几乎不成字的刻文便呈现在史官的面前。

史官见了，摇了摇头，说："字不成形，人不成器。字本来是很好看的，你怎么把它们刻成这个丑样子呢？"

帝辛说："学习文字，知音，达义，记事而已。好不好看有什么要紧的，为什么要把时间浪费在刻字上面呢？这样的雕虫小技，不是我这样的大丈夫所为。"

听了帝辛的话，史官无可奈何，指着甲骨片上的一个字问："我让你学刻'鸟'，你却刻出个'鸡'，这是什么字？怎么讲？"

帝辛看了，自知刻错了，却不认错，狡辩说："鸟是天上飞的，这个字叫鸡，是地上跑的，就是把天上飞的鸟用手抓回来养着吃肉。"

史官说："仓颉造字的时候，并没有造这个字啊。"

帝辛说："仓颉没造的字，我们就不能造吗？仓颉生活的时候，鸟在天上飞得高，他没抓着。现在，我们抓住了这些鸟，就可以养起来，给它起个名字，叫鸡有什么不妥的呢？"

史官听了之后无话可答。他向帝乙上奏说："您的儿子帝辛太聪明了，他的文字已经学会了，我没有什么可以教他的了。"

帝乙批准了史官的奏章，他命令帝辛以后只要学习武功就行了。从此，帝辛专与力士们舞刀弄枪，游戏玩耍，十分逍遥自在。

帝辛是个文武双全的人，幼儿时期就聪明而有文名。一天，帝乙要去农田视察，问占卜的贞人："今天有没有雨？"贞人拿来一片龟甲，口中念念有词，先在龟背上用青铜凿凿出一个圆形的槽，再用钢凿钻一个圆梢，接着点燃香火，烤灼凿钻的地方，龟甲上便出现了不规则的裂纹，这就是所谓的征兆。贞人根据不同形状的纹理征兆，预言未来。贞人占卜后说："今天会下雨。"

帝辛看贞人占卜，只觉得好玩。又听贞人说今日有雨，他不信，便问贞人："今日雨？其自东来雨？其自西来雨？其自北来雨？其自南来雨？"

贞人虽然被帝辛问得张口结舌，但是很佩服帝辛的文采。

（三）托梁换柱

公元前1061年，帝辛已经18岁了。他身材高大，体格魁伟，不仅形貌漂亮，而且孔武有力，一表人才。当时人都说，要是论文才武力，天下人没有比得过帝辛的。

在商代，狩猎是商王贵族们进行军事训练和游乐的重要活动。帝乙经常带着

文臣武将打猎，每次狩猎都奋勇当先。

这天，帝乙带着众人正追逐一只野兔，身边的一名武将飞马射箭，野兔一下子被射死在地，人们齐声喝彩。突然，斜刺里跳出来一只斑斓猛虎。武将正要再射的时候，帝辛说："且慢，用箭射死它不算能耐，你要是能空手打死那只老虎，那才叫能耐呢！"那位武将听了，一是不敢违抗王子的话，二是出于年轻气盛，当时就跳下马来，赤手空拳击擒老虎。只见老虎吼叫着扑来，只一下便咬断了那位武

将的喉咙，武将立时毙命。帝辛见了，哈
哈大笑，趁着人们惊恐之际，飞速地跳到
老虎身后。只见他飞起一脚，踢中老虎后
腰。老虎疼痛，一跃而起，向他扑来，帝
辛伸手攥住老虎的两只前爪，躬身使劲
向前面一抢，便把老虎摔出一丈多远。没
等老虎起来，他又飞步上前，跨上虎背，
揪住虎头，一阵乱拳把那只老虎打得瘫
死在地。帝乙和文武百官见了，个个惊叹
不已。

　　在一次宴会上，一群奴隶们指挥着
九头牛表演舞蹈。帝辛看得高兴，连喝了
几杯烈酒，高声叫道："人跟着牛跳舞有
什么意思，看我怎么样让牛跟着我跳舞
的！"说着，他走下堂来，把奴隶们赶到
一边，一把攥住九头牛的尾巴。只见这九
头牛出于疼痛奋力地向前拉，而帝辛则
使劲向后拽，场面就像拔河一样。突然只
听得帝辛大吼一声，九头牛被他拉得向

后连连倒退，纷纷倒地。这九头牛倒在地上或坐或起，完全听从帝辛的摆布。看得诸侯百官目瞪口呆，人人屏声敛气，甚至忘了喝彩。帝辛舞完了牛之后，看他的脸色，只是有些红润罢了。

从此，人人都知道帝辛力气比九条牛还大，整个商朝再没有人敢与帝辛比试力气的了。

还有一次，帝乙在飞云阁设宴，邀请

群臣观赏春景。奴隶们在宴席的准备过程中忙个不停，搬器具，排坐席，热闹异常。由于人太多了，飞云阁承受不了那么多的重量，开始摇摇晃晃，在梁柱之间，只听见吱吱作响。这个时候正是百官依照顺序就座，饮宴开始之际，只见飞云阁梁柱开始断裂，大厦将倾。帝乙和百官都吓得手足无措，面无人色，束手待毙。就在众人慌乱之际，只听帝辛大叫一声："众人勿惊！"一步跨到飞云阁中央，单手托住即将断裂的大梁，稳如泰山。

帝乙见状，马上命人："快拿大木柱支撑。"直到三个小时之后，人们才将梁柱全部更换完毕。帝辛终于能够腾出手来，只见他挥了挥手臂，面色不改，从容就座。飞云阁上下欢呼雀跃，皆称帝辛为

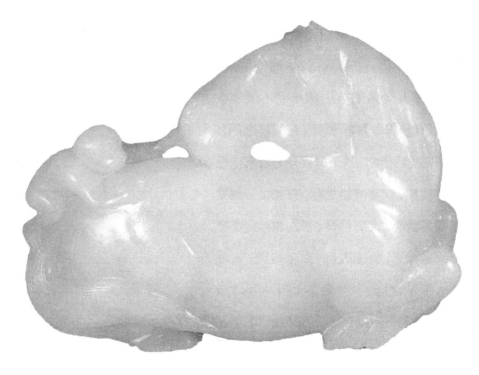

栋梁之材。

帝辛托梁换柱以后,飞云阁安稳如故,百官痛饮,举杯祝贺帝乙有如此英雄之子,我商族幸甚,国家幸甚。帝乙高兴,满杯美酒一饮而尽。

这时,座中走出首相商容,向帝乙拱手进言:"商王万寿无疆,现在百花盛开,王子辛能托梁换柱,何不趁此良辰吉日,立辛为王储?"

帝乙听了，沉吟不语。他本想把王位传给以贤德著称的长子启，没想到首相商容在百官面前却提出要立辛为王储，所以沉默不语。

上大夫梅伯、史官赵启见状，一齐站出来，说："辛为王后妇戊所生，先王之制，立嫡不立庶。商王不要犹豫，请立辛为王储，上合古制，下顺民意。况且，辛才力过人，能擎将倾之厦，实为国家栋梁。"

这时候只听到群臣百官集体起立高呼："请立辛为王储！"

帝乙无奈，只好传旨："立辛为王储，封为寿王。"又封启在微地，后人称微子启。封仲衍在箕地，后世称为箕子。就这样，帝辛成为了储君。

二、初登帝位

（一）帝辛葬父

帝辛在其父帝乙去世后，便以其才力继承了王位，史称商纣王。

帝辛继承王位后，首先要做的事情，就是把自己的父亲安葬好。帝辛将父王帝乙安葬在侯家邑，他要在那山清水秀的地方建造一个供死去的父王享用的地下宫殿。

于是，帝辛传旨："为先王帝乙造地

下宫殿。"大宗伯监工督造，征发三千奴隶，在侯家邑挖地十余米深，在地下造成一个"亚"字形的墓室，共挖九个长方形的小坑，四隅分别挖两个小坑。每个坑中安排一名执戈的奴隶和一条狗，作为武装侍从。

墓穴挖好了，命贞人占得吉日，帝辛率文武百官、四方诸侯为帝乙送葬。后面跟随着帝乙生前的姬妾奴仆、卫队侍从，还有奴隶千人。浩浩荡荡的送葬队伍从大邑商出发，一路上哭号声、钟鼓声不绝于耳。64个佩戴骨饰的奴隶，抬着巨大的棺木走在中间，两名未成年的金童玉女在前面引路，来到了墓地。

大宗伯宣布："先王帝乙安葬仪式开始！"先是让帝乙生前的侍从下到墓穴站好，然后64个奴隶抬着帝乙的棺木走到墓穴中央。在棺外，大宗伯督工，用木板构成巨大的椁室。然后，在棺椁之间，填满了各种精美贵重的殉葬物。有璜、璧、

玦、琮、圭、玉石斧、钺、戈、矛,豆、盘、尊等,应有尽有。

帝辛站起身来,表情严峻地对帝乙生前的姬妾奴仆们说:"先王不能没有你们,你们生前是先王的人,死后也是先王的人,你们一起跟先王去吧!"说完,命武士将帝乙生前的姬妾奴仆一起赶入墓中。顿时,哭号怨骂之声乱成一片,墓中的奴隶们也蠢蠢欲动了。

大宗伯见势不妙,下令填土,顿时土

石齐下，墓中之人全被活埋，并将土夯实。接下来便开始杀殉，奴隶们10人或20人一排，反绑着双手牵进墓道，东西相对，跪着被砍头。砍下的头另行安置，头顶向上，面向墓坑。无头尸体埋入土中，然后夯实，如此每筑一层夯土便杀一批奴隶殉葬，最后埋入金童玉女，封死帝乙的大墓。

　　帝辛掩埋了父王，手持青铜刀来到了祭坑前。这时大宗伯早已安排人将"人牲"推到祭坑边跪下。只见帝辛手起刀落，一排10个"人牲"的头便滚入祭坑里了。一排祭坑10人，5排为一组。帝辛挥刀砍完5组"人牲"，站到一旁，武士们一起动手将尸体扔入祭坑内，然后填土。

　　至此，帝乙的葬礼以杀戮大批奴隶为牺牲方式告终。

（二）为政之初

纣王元年（公元前1080年）正月初五，身强力壮、高大英武、身着白色王服的纣王，正召集王公贵族，宣布他对朝廷大臣的重新任命。纣王的任命如下：以王叔比干为太宰(相当于后世的宰相)，总揽朝中内外政务；费仲为卿事，协理军国大事；微子为宗伯，掌王族谱牒和宗族内务；箕子为乍册，负责起草文件记录；梅伯为司马，主管军政；飞廉任内务大臣兼司空，负责宫廷内务兼土木工程；恶来任司徒，总管天下财政赋税；老将军祖伊为多射，掌管王族军队；九侯为多亚，掌管王族军队；鄂侯为司寇，管理天下刑狱；居情、郑季仍任巫、史……

纣王意气风发，他环视着他的臣仆们。不管是足智多谋、万民景仰的王叔，还是威风凛凛的将军，现在全都服服帖帖地处在自己的控制之下，为自己效力，纣王心中真是十分畅快。听着一个个大臣的谢恩之辞，纣王心中更是充斥着对大臣们的蔑视。当然，这种蔑视很快又被一种治理国家的需要所取代。

　　纣王封自己的叔叔比干为太宰，名列群臣之首，主要是因为比干忠心耿耿、足智多谋。作为叔父，比干在帝乙决定立太子的过程中始终持支持帝辛的态度，使纣王对比干颇有好感。虽然比干曾与帝乙、与自己多次发生过争执，但纣王仍觉得叔父即使耿直得稍微有些过分，仍是可以信赖的。何况自己更是盼望着能够成为一代明君，而比干这样的人才是少不了的。

虽受到重用，但比干自己却不敢确定当初拥立帝辛为储君的选择是否正确。纣王从幼年到童年、少年乃至青年时代的整个成长过程，自己一清二楚。刚开始时，比干欣赏帝辛的天资聪颖；但逐渐地，比干又开始担心帝辛的过于刚猛，因为像帝辛这样的人是难以猜测其所作所为的。

纣王任命微子为宗伯，是经过仔细考虑的。这个兄长仅仅因为母亲不是王后而失去了继承王位的资格。但实际上，朝廷上下还是有不少人拥立他的，也就是说，一旦自己为政失误，微子推翻自己登上皇位也是可能的。所以纣王在继位之初决定要安抚好他。

纣王心中对比干多少有些敬畏，因此特意安排了素与比干不和的费仲为卿事，

以挟制比干。费仲深知纣王用意，非常留意比干的活动，经常密告纣王。费仲早就私下接受官吏贿赂，甚至连方国进献之物他也要中饱私囊。做了卿事后，费仲接近纣王的机会更多了，他还拿出了不少钱与飞廉结交，以掌握纣王意图。所以，日子过得十分舒心。

纣王让恶来担任司徒，是因为他早想好了，这辈子非要轰轰烈烈大干一场不可，因此必须有一个听话的人替自己准备大干的本钱。恶来从来就不会说"不"字，这一点纣王尤为满意。

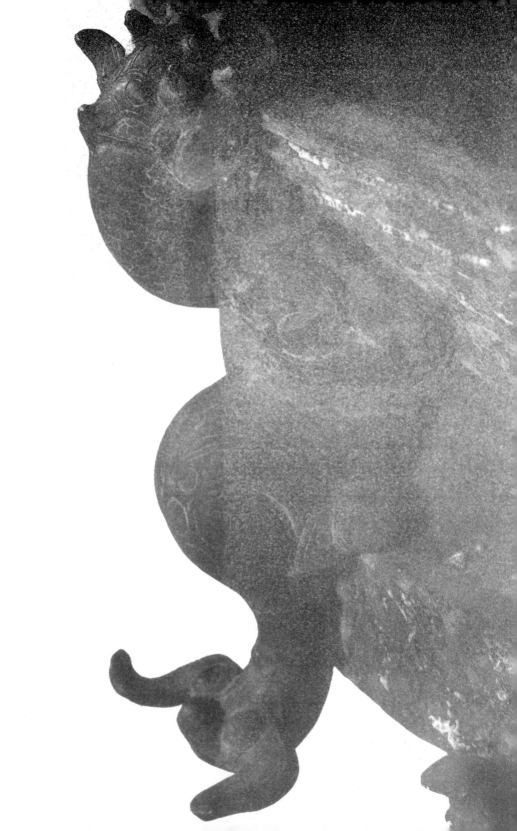

　　纣王执政之初所册封的大臣，绝大多数都是贤能之人，这使商朝上下为之喜悦，群臣都认为纣王是个明君，他们认为只有明君才能正确选用人才，这让人们对这个年轻的帝王充满了期待。

（三）远征东夷

纣王在统治稳定以后，有些骄傲自满了。他认为自己有能力比得上以前的所有帝王，自己是大商有史以来最杰出的帝王。而作为一个杰出的帝王，一个最重要的标准就是能够征服天下。

为了达成自己卓越武功的目标，纣王决定东征东夷。可是纣王的父亲帝乙临死之前已与夷人达成了和平协议，夷人们也没有公开对朝廷挑衅，怎样才能找到一个讨伐东夷的借口呢？

纣王不愿意，甚至不敢与朝廷大臣们商议。因为首先，比干、箕子这伙人肯定会阻挠自己无理挑起战端；其次，这样一来，还

未出兵就会闹得满城风雨，路人尽知，夷

人定会有所防范。另外，击败夷人非举倾

国之兵不可，四方小国，特别是那个许多

大臣、甚至先王都曾挂在嘴边的周国，这

些年虽然一直甚为恭顺，但也不得不防。

由于自幼博闻强识，纣王对自己的智慧是充满信心的，而且，纣王喜欢别人按照自己的意图办事。他把出人意料地驾驭臣民视为一种乐趣，尤为乐于看到群臣在自己面前惶恐不安、大惑不解，而最后又能证明自己高人一着。纣王不相信什么资历、经验之类是至关重要的，而且，作为英明的君主，岂能因为年龄关系，受制于那些自恃年长有功的臣下？天子就是天子，必须使臣下敬畏服从。当然，

大臣们若没有一点能力，难以贯彻君主的意图，在纣王看来也不是一件好事。只不过，大臣们谁也别自以为是，谁也别想操纵、左右他。经过多日思索，纣王决定乾纲独断，直接率军攻打东夷，打它个措手不及，等到比干等人争论一番、上书谏阻的时候，我帝辛早已凯旋班师，宗庙献俘了。那时候，这帮大臣面对自己那些慷慨激昂的反对讨夷的奏折，该是多么尴尬啊！看谁以后还会那么顽固地与我作对。

想好了这一招，纣王感到热血在沸腾。他要向世人证明，自己甚至可以使武丁自愧不如。

纣王三年三月初，祖伊、九侯等人被召到王宫，纣王要与他们讨论如何裁汰军中老弱，强化王朝军队。二人欣然上路，一路上还不停地商议

如何向大王出谋划策。

待这两位与比干一心、又自恃功高的家伙一走，纣王立即派了两个年轻的贵族接过大权，并连夜派人将早已拟好的作战计划交给两位贵族，叫他们于当夜将两万大军分成三路推进，同时火速派人驰报朝廷，说："夷人犯边，奉命讨伐。"大约在祖伊等人到达朝歌之前半

天，纣王的大军已如暴风骤雨般攻入夷人腹地，并于10天后渡过了帝乙始终未能渡过的淮河，20多个酋长被击溃，其中5人战死，10余人逃走，5人被俘。大军又沿颖水、淮河迅速东进。东夷族首领后昆临时拼凑了10余个酋长的武装力量约8000人，在东谷山以西进行了一次顽强的抵抗，杀死商军3000多人，终因寡不敌众，被纣王的军队击溃。后昆向东逃窜，商军穷追不舍，后昆最后遁入海中才没有被俘。

当"夷人犯边，奉命讨伐"的消息传入首都，朝野上下目瞪口呆。比干来见纣王，纣王推说情况尚不清楚，鄂侯来见，亦以此话将老臣打发走。纣王内心十分喜悦，心想：快见分晓了。

这天上午，阳光灿烂，纣王满面春风，迈着刚劲有力的步伐，走入崇天殿。大军班师已三天了，我已建立了显赫武功，而这一切，是谁也未曾料到的。当年

高祖朝诸侯、王天下，犹如运之掌上，靠的是鼎盛的国力，而我帝辛全靠智慧。

大军班师回到首都，祖伊、九侯立即赴军中了解情况，但两位年轻将领早已经接受了纣王的密令，一口咬定是夷人先犯边，大军才发动进攻的。不过，祖伊、九侯毕竟是久经战阵，通晓军事的人，他们估计，这场战争不管是否由夷人犯边引起，都是蓄谋已久的，而主谋者正是当今大王，比干等人均同意这一看法。他们知

道，他们被年轻的国王给蒙在鼓里了！

而费仲等人，并不关心是谁挑起的战争。根据飞廉手下人的报告，他们知道了纣王极想得到的东西——智慧过人的评价。

所以，早朝一开始，费仲即抢先出班奏道："自我高祖立国以来，从未有如此之彪炳千古。夷人地广人众，多次抗拒朝廷，善于防御，先王屡起大兵，未竟全功。而大王却旬月之内，大获全胜，献俘宗庙，四夷为之屏气，戎狄为之胆寒。此番征夷，全凭大王一人运筹帷幄，决胜千里，真是天神下凡，臣等谁堪一比？夷人凶顽，屡抗朝廷，实属罪大恶极。因此，夷俘宜全数罚作奴隶或人牲；而夷方土地，朝廷宜派大军镇守要地，以防夷人再起。臣等见识浅陋，愚钝智拙，还请大王圣断！"

费仲这番话，纣王明知是拍马屁，但心中还是颇为舒服。接下来又有10多名大臣歌功颂德。纣王故作镇静，等着比干等人发言。他非常希望看到老臣们对他流露出心悦诚服的样子。

比干奏道："此番征夷，朝廷上下均感意外，乃大王独断此事。然大破夷人，大王之智慧，却非臣等所及。"

纣王脸上渐有笑意。然而比干却继续道："可是，此番大举讨夷，虽大获成功，难免使四方生疑。何况，夷酋后昆漏网，难保不会出现对朝廷不利之流言。这种流言一旦传遍四方，必然使许多方国暗中同情夷人，与朝廷为敌。臣请大王留意此事，免生后患。"

　　纣王脸上没了笑意。这帮老家伙，居然仍能找到理由来说三道四，好为人师。但他心中明白比干说的"流言"并非虚幻之事，因此，不好争辩。

　　比干继续上奏："此番讨夷，俘获极众，臣以为可将其中一部分留作奴仆，其余老弱受伤士卒宜放还，至少5名酋长宜

严加教谕后放还。若全数杀掉或作奴仆，可能与夷人结怨太深。且夷地甚是辽阔，短期内难以完全控制，不若趁放还5名酋长之机，与夷人再造和平。以后，可选夷人首领到朝廷为官，令每名酋长送一个儿子在京为人质，防其造反；扶持夷人中与朝廷友善者，以夷制夷。大军则逐渐撤回，以示怀柔天下。那时，即使有什么流言飞语，也不会构成大的威胁。"

纣王的双眉锁紧，他知道，若再不从言辞上予以反击，压倒这帮老家伙的气势，以后不论做出多么惊天动地的事，这伙人也会说三道四的。但是，目前多数大臣都承认我堪称武王再世，不愧为高祖第二。

纣王反应极为敏捷。在比干奏完后，准备退回大臣行列时，他发话了："王叔所说的流言，是否指我对夷人不宣而战，可这叫以其人之道还治其人之身。我大商立国五百余年，戎狄蛮夷对我之侵扰有多少次？其中有几次宣过战，四方国家哪个又曾为此而亲近过谁？疏远过谁？先王相土远征海外，为我大商取得大量财富，若事先宣战，那海外蛮夷不早就将财富藏起来了吗？先王王亥被害，上甲微为他报仇，靠的不正是突袭仇敌吗？东夷乃我世仇，我大商多少子弟阵亡在淮河颍水之滨，此番孤用计解除其爪牙利齿，一举击败夷人主力，解除我在南方数百年之边危，试看今后各方国异族，谁敢怀贰于我？孤理解王叔对朝廷信誉的关心，但孤认为，当今天下，刀斧要比信誉管用得多。各位大臣，是否如此？赞成我的出班。"

　　结果，在近百名大臣中，居然有六十多名对纣王刚才的演讲表示赞成。尤其是费仲、恶来、飞廉等人还一阵呼嚷："大王圣明，无人可比！平定夷人，居功甚伟！"

　　比干等人没料到，纣王会对其忠心耿耿的建议用如此锋芒毕露的语言来予以"驳斥"！特别是如此多的大臣也站到这个明明失大于得的举动的赞成者行列，使比干突然明白了什么，他只好保持沉默。鄂侯很着急，可不知该说些什么好。

三、荒淫凶残乱天下

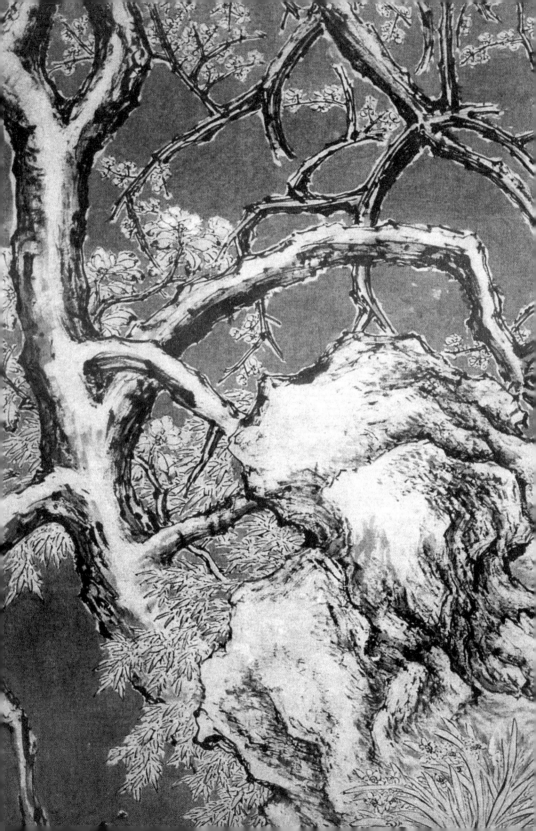

在完成了一系列所谓的"文治武功"后，纣王得意忘形了。他觉得自己简直是天人，什么样难缠的大臣自己都能应付，再大的困难自己都能克服。他在大臣面前开始骄横起来，变得刚愎自用；他巧言饰非，听不进谏言，矜人以才能，以为天下没有人能高过自己；甚至对大臣说话，也日益声高气粗，装腔作势，渐渐地，连比干的话也听不下去。同时，生活上的要求也跟着高了起来，雕花的筷子换成了象牙的，杯子也换成犀玉的。有了象牙筷、犀玉杯，又要吃豹胎。穿衣要锦衣九重，住房要广厦高台；而且梁要雕，栋要画，窗要镂，墙要文。除了拼命享乐，他荒淫凶残的本性也逐渐暴露出来。

（一）扩建王都

商朝自盘庚迁殷，建成大邑商城以来几百年间，都城一直没有变更过。纣王东征归来，觉得国都太狭小了，便决定扩建都城，并因城西有朝歌山，改国都名为朝歌。在一次朝会上，帝辛说："我大商自先王盘庚迁都殷以来，五百余年都大邑商。如今，我继承了祖先的基业，四海

之内向我朝贡，国富民

强。我作为一个君王，本

应有所作为，才能不辜负先王所

托。现在见大邑商人口渐增，

地方狭小，我打算扩建都城。

一用来容纳众人，二来向天下昭示大商

天威。众臣以为如何？"

　　帝辛话音刚落，只见百官之中站出

一人，大家一看，原来又是善于阿谀奉承

又贪财好利的费仲。费仲鞠躬礼拜，说：

"大王您打算扩都，依老臣的愚见，这势

在必行。我大商朝，自高祖灭夏以来，经

营了几百年，粮食充足，宝物财货无数，正好用于广建亭台楼阁、行宫别馆。大王可以借此机会在都城周围开辟田猎苑囿，这样一来既可供我王巡狩之用，又可以训练军队，壮我大商天子之威，弘扬我大商先王业绩。"

帝辛听了，不禁点头微笑。群臣见状，没有人敢上前发表反对意见。帝辛见满朝文武百官没有反对的意见，大喜。

他心想，帝王原来如此好做，只要发号施令，出个主意，百官便附和，山呼万岁，真是有趣。他当场命令北伯侯崇侯虎负责主持扩建王都工程。

于是，崇侯虎奉王命调集羌奴三千，众人三千，斩木修路，先筑成通道，以大邑商为中心，北百余里，南近百里，东西几十里。把大邑商扩建成热闹的集市。此次建筑工程浩大，要求楼台亭榭雄伟豪华，花费了大量的人力和财力。

扩都，是头等大事。纣王又传旨四方诸侯，有人出人，有力出力，有物出物，保

证扩都工程顺利进行。于是，天下怪石美
玉、珍禽异兽齐集大邑商。崇侯虎将这
些贡物分别填塞在宫殿苑囿之中。安置
殷民六族：条氏、铁氏、萧氏、索氏、长勺
氏、尾勺氏，各处其所。

在崇侯虎藤鞭的抽打下，奴隶和众
人死的死，逃的逃。甲骨文上记的"丧
众"就是指奴隶逃亡事件经常发生。有一
次，崇侯虎把干了一天活的奴隶圈进了栅
栏里，然后用铜链子锁住。半夜，天降大
雨，奴隶们又累又饿又冷，便推倒栅栏，
集体逃亡了。

崇侯虎在睡梦中听得有人喊叫，急

忙起来，冒雨巡视栅栏中的奴隶，发现逃了一栏奴隶，便连夜追赶。到天亮的时候，在草丛中捉到两个跑得慢的奴隶，用锁链穿透了他们肩部的骨头拉回工地，当着众人的面，把这两个奴隶剖开肚子，掏出肠子，用割肠的酷刑杀一儆百。其他奴隶见了，触目惊心，宁愿拼命地干活累死，也不愿被剖肠而死。

崇侯虎督工扩都，三年终于告成。他向帝辛交旨，帝辛大悦，传旨文武百官、四方诸侯，齐集王宫大殿，同庆扩都工程顺利竣工。

（二）妲己入宫

公元前1058年，朝歌扩建竣工。帝辛起个大早，来到新建的王宫大殿，在玉饰的王位上坐定。首相商容率文武百官站列两厢，各镇诸侯陆续到来，皆有贡品，唯有冀州苏侯无贡。

费仲私下问苏侯："侯伯来朝，为何无贡品？"

苏侯耿直倔犟，快人快语："三年扩都，该进贡的我都贡完了。"费仲听了无话，心里暗想："老不死的，不给朝廷进贡也就罢

了，连我也不给带点土特产来，这样死板没有人情，咱们走着瞧。"

这时帝辛传旨："今日扩都竣工，应先赏有功之臣。崇侯虎督工得力，所建园林台阁，甚合予意，头功一件。赐后崇城，为侯伯，赏玉尊玉杯一对。费仲、恶来等人建言不谬，二人封伯，为中谏大夫，各赐玉斗一双。其余文武百官、各镇诸侯三年扩都期间，皆出财出物，予今日赐以玉角美酒，开怀畅饮。"

酒喝到高潮时，文武群臣、四方诸侯轮流向商王帝辛祝酒。尽管帝辛血气方刚，年轻海量，此时也喝得醉眼蒙眬、语无伦次了。

中谏大夫恶来，又走上前来给帝辛祝酒谢恩。帝辛高兴，一饮而尽。恶来趁机进言说："大王都朝歌，占有天下珍宝，尽食山珍海味，可尽善尽美了吗？"帝辛说："可餐之物尽食矣！"

恶来说："臣以为，帝王之餐尚少一

物。"帝辛不解地问："还缺何物可餐？快说来我听！"恶来见帝辛的胃口被吊了起来，故意卖着关子说："商王可曾听说，秀色可餐乎？"

帝辛是个聪敏的人，听恶来一说，心领神会，顿时头脑发热，马上召传旨官说："今日百官齐集，正好传予旨意，令各镇诸侯，各选百名美女。出身不论，只要姿色秀丽者，王公贵族、诸侯方伯有好女者，亦不得隐匿不送。"

首相商容闻听，连忙制止传旨官传旨。向帝辛进谏说："臣听说：'君有道，则万民乐业，不令而从。'过去高祖成汤治理国家，乐民之乐，忧民之忧，曾经亲自祈雨桑林，检讨自己的行事'是不是政事没有节制法度？是不是让百姓受到了疾苦？是不是任用了贪官污吏？是不是做事听信了小人的谗言？是不是有女人干扰了政事？是不是宫室修得太大太美了？为什么天不降雨？禾苗不生，百姓困苦呀！'先王以仁德感化天下众生，所以兴隆，四海咸乐。如今君王欲选美色，叨扰天下诸侯百姓不宁，实为不可取也。扩都刚刚竣工，百姓已经尽力了，应给予喘息之机。况且，后宫已有姜王后、黄妃以及佳丽千人，足够了，再选美无益。望大王纳臣之言，国家幸甚，万民幸甚！"

帝辛硬着头皮听商容说完，心中十分不悦，本欲发作，转念一想商容官居首相，德高望重，强笑着说："首相所言极是，予喝酒所说的话，怎么能算数呢？"

商容见帝辛从谏如流，十分高兴。文武百官、各镇诸侯亦山呼："万寿无疆！"宴罢散去。

帝辛罢宴回到后宫，宫妃们一个个打扮得花枝招展，满脸微笑，躬身侍立，专等帝辛点名驾幸。帝辛见了只会逆来顺受、奉迎献媚的宫妃们，心里越发讨厌这

些缺乏气质，没有一张漂亮脸蛋的女人。于是挥手命令她们都退去，径直回到寝宫，闷闷不乐。

这时候帝辛突然想起了费仲。当初，扩都的主意就是费仲第一个站出来支持自己的。此人主意多，最能体谅自己的心思。还有恶来，能言善辩，机灵勤快，实为心腹。

帝辛想到这里，召侍御官："速宣费仲进宫觐见。"费仲听闻，不敢怠慢，急忙穿戴整齐，随侍御官来到帝辛寝宫。当下纣王把自己的心思告诉了他。

费仲一听，原来如此。他满脸堆笑地说："大王英明。选美不可公开进行，只可秘密查访，一来不扰天下百姓诸侯，二来可慰大王心怀。臣听说有一女子，年方二八，出生侯门，天生丽质，妩媚动人，能歌善舞，聪明伶俐，善解人意，可谓国色天香，天下无双。大王若得此女，胜似天下千女。"

帝辛听费仲如此一说，恨不得立刻见到这个女子。急问费仲："快说出来，她人在哪里？"

费仲说："她人在冀州。是有苏氏首领苏侯的女儿，名叫苏妲己。"

帝辛听了，心花怒放。急命侍御官："速宣苏侯进见。"

冀州苏侯为人刚烈秉直，疾恶如仇，

听侍御官传旨进宫，不知何事如此紧急，连忙整衣，随侍御官左转右转，一直来到帝辛寝宫。他向帝辛下拜说："冀州苏侯见驾。大王操持国事，日以继夜，不知宣臣深夜进宫有何圣谕？"

帝辛听苏侯之言，一时语塞。连声说："起来说话，起来说话。"帝辛一边说着，一边给费仲递眼色。费仲心领神会，马上近前对苏侯说："大王听说你有一

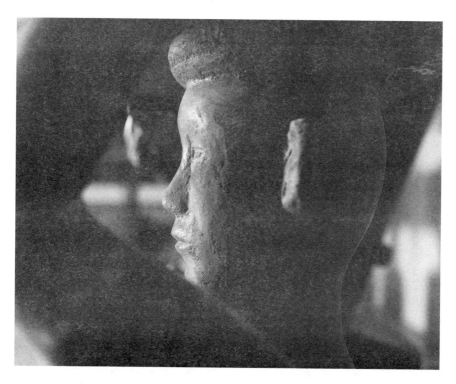

女，美貌贤淑，若纳入后宫，享受人间荣华富贵，君侯贵为国戚，位尊禄显，永镇冀州，坐享安乐，不知意下如何？"

苏侯听费仲之言，十分恼怒，但碍于帝辛的面子，不敢立即发作，于是斥责费仲说："中谏大夫，你真是妄为臣子。不体谅后宫，不思进忠言献良策，专引诱大王淫乐女色，罪该万死。"

帝辛笑道："君侯此言差矣。以一女

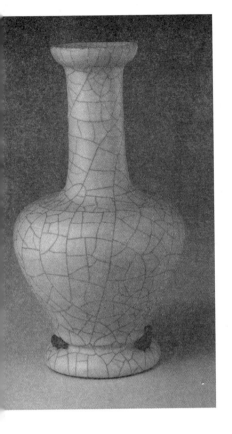

入宫，予保你有苏氏鸡犬升天，还希望君侯不要推辞才好。"

苏侯怒形于色，厉声说道："昔日，夏桀荒于酒色，高祖修德才灭了夏。今君王不效法祖宗，听信小人之言，好色纵欲，是取败之道也。我真担心，商朝几百年基业，你能否保住？"

帝辛本来就是个急性子，早就听得不耐烦了。见苏侯不但不听王命，反而教训起自己来了，一股无名之火在胸中燃起，高声喝令："武士何在？速将苏侯推出斩首！"但随即纣王又想起来自己刚登基不久，不能给天下人留下话柄。于是收回了成命。

苏侯听了，也不辞谢，急命随从收拾行李，扬鞭打马，连夜离开朝歌，奔回冀州去了。不久公开扯起叛旗，公开与纣王作对。纣王命崇侯虎前去讨伐。

这日，纣王在龙德宫，因没有事情做，郁郁不乐，自斟自饮。忽有费仲启奏：

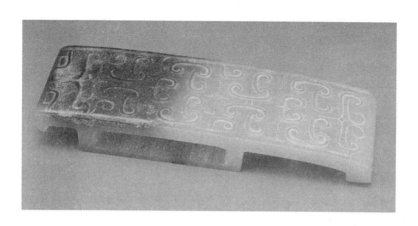

"崇侯虎讨伐有苏氏凯旋。苏侯送女儿入朝请罪，现已在驿舍候旨。"

纣王闻听，微微冷笑，说："苏侯匹夫，面诤强词，本该正法。今自投罗网，不杀不足以惩欺君之罪。"适值恶来在旁，趁机进言，说："大王执法，威重四方，不斩苏侯，叛商者难禁。"

纣王说："此言极是，明日看予如何严惩那老匹夫吧！"

次日，纣王盛服登上九间大殿临朝。文武百官早已站列两厢，见纣王进殿齐呼："万寿无疆！"纣王坐定，说："有事出班奏来，无事散朝。"

　崇侯虎闻言出班奏道："臣奉命讨伐冀州苏侯，仰仗大王之威，降服苏侯，今日进女入朝请罪，乞大王裁决。"

　纣王于是宣苏侯上殿。苏侯听得传叫，急趋九间殿内。除冠散发，布衣麻带，来到阶下，匍匐在地，口称："大王在上，万寿无疆！犯臣罪该万死！"

　纣王一见苏侯，怒气冲天，手指苏侯骂道："尔目无君王，信口雌黄。公开叛商，大胆妄为，抗拒王师。今日还有何话说，不杀你不足以安天下！"随即喝令武士："推出九间殿外，斩首示众！"

纣王话音刚落，首相商容急忙上前奏道："大王息怒。苏侯叛商，理当斩首。但事出有因，今已进女谢罪来朝，情有可原。"

西伯侯姬昌也出班奏道："苏侯进女赎罪，足见臣服悔过之心。若斩已降，失信于天下诸侯，亦非大王初旨，还乞大王

怜而赦之。”

纣王沉吟良久，决定宣苏侯之女入殿，说："看在首相和西伯侯的面上，暂免苏侯不死。苏侯既然进女谢罪，予要亲眼看看，你的女儿有没有资格代父谢罪。"

妲己在殿外早已等候多时。闻听召见，举足迈进九间大殿，纤纤细步，来到滴水槽前，依阶跪拜，口称："罪臣苏侯之女妲己，拜见大王，祝大王万寿无疆！"

　　纣王从未见过这样的绝世女子,眼睛直了,怔怔地坐在玉座上,不知如何是好。恶来见纣王如此情态,在一旁干咳两声:"苏侯之女妲己候旨多时了。"

　　为了赢得美女的好感,纣王说:"苏侯深明君臣大义,本王决定不计前嫌,封苏侯为国父,官复原职,封妲己为贵妃。"就这样,妲己风风光光地走进了商朝王室,成为纣王最宠爱的妃子。

　　妲己的被迫入宫,对她来说,是幸运

还是不幸呢? 应该说, 两方面兼而有之。幸运的是, 她的权力欲得到了满足, 成了商朝的"一国之母", 拥有无上权势的纣王也对她言听计从。拥有一国之富、一国之荣, 是令多少人梦寐以求的荣耀, 而妲己却将其玩弄于股掌之间, 未失为一种幸运。

妲己虽在物欲上得到了满足, 但在心理上呢? 被迫入宫, 本已强人所难, 心有不甘, 更何况日夜服侍纣王这样一个被酒色淘虚之人, 又怎能令她感到开心? 二者比较而言, 恐怕还是不幸的成分更多一些。对于商朝的百姓来说, 她的入宫, 却万万谈不上幸运了, 简直是灭顶之灾: 繁重的劳役、残酷的刑罚, 给本已饱尝疾苦的人民又雪上加霜。无怪后人对妲己恨之入骨, 但对于此时已经日益壮大并且雄心勃勃的西周来说, 这又无异于天赐良机, 真是一种莫大的幸运!

过着如此奢侈的生活, 妲己依旧没

有感到满足。此时的她，只不过是纣王身边无数妃子中地位较高的一个，在她之上还有纣王的正室——姜后。而她所能达到，而且所要达到的就是"后"这个宝座。

于是妲己暗中设计，收买了一个奴隶，命他去刺杀纣王，然后声称是姜后派来的杀手。计划顺利实施，稀里糊涂的纣王果然上当，一怒之下斩了杀手。这样一来死无对证，让姜后有口难辩，纣王决定

将姜后打入冷宫。但一心想做最有权势
的女人的妲己怕将来有什么意外，便又怂
恿纣王对姜后使用酷刑，直至将其置于
死地。妲己终于消除了自己登上权力顶峰
的最大障碍，如愿以偿地当上了商王朝的
"国母"。后来她又怂恿纣王将姜后所生
的王子殷洪、殷郊逐出商室，斩草除根，
为以后祸国乱政，扫平了道路。

　　除去姜后，妲己还有一个对手，那就
是冰清玉洁、品貌俱佳的九侯女。

　　九侯女入宫后，纣王放在妲己身上
的一颗心，渐渐转移到她的身上。这又
激起了妲己的嫉妒之心，她先是假意呵
护九侯女，让其对自己丧失防范之意。尔
后，妲己又故技重施，向纣王密言九侯女
之父有谋反的野心。而此时的纣王也正
因"九侯女不喜淫"而怒火中烧。妲己再
火上浇油，无辜的九侯女便步了姜后的后
尘，妲己的阴谋再一次得逞了。

　　妲己，确实是历史上难得的集美丽

和智慧于一身的女人。只可惜，她这份才智没有用到帮助纣王挽救危如累卵的商王朝之上，相反，她与纣王奢侈的生活，更加剧了商朝的灭亡。

（三）荒淫之行

为了取悦这个倾国之妃，纣王命令乐师创作了萎靡的音乐、放荡的舞蹈，让妲己尽兴起舞，以换取自己感官上的刺激。这似乎对一个国君而言，算不上什么奢侈，可事实上却完全不是这样。不可否认，音乐、舞蹈作为贵族的一种享乐方式，从一开始就具有娱乐的功能。可是当时的乐舞不仅是一种娱乐手段，更属于政治的范畴。它是商王朝的代表，所以历代的统治者们都非常重视音乐和舞蹈。孔子之所以对春秋时代的"礼崩乐坏"那么痛心疾首，原因就在这里，所以古人往往把乐舞当作一个朝代兴衰的标志。

而当时的纣王却不顾这一点，完全把乐舞当作纯粹的满足己欲的工具了。这样一来，原来依靠那种神秘庄严的乐舞而为商王朝蒙上的神圣面纱，就这样被无情地撕破了。人们看清了那本应神圣完美的君主的真面目，从此，纣王再也不能以其威严震慑四方，极大地损害了商王朝的统治。至此，"四百诸侯反朝歌"的种子也悄悄埋下。

不仅如此，纣王为了更好地和妲己享乐，不顾国家连年征战、国力大伤的现实，动用大量的财力、物力以及人力，下令让全国各地进献各种珍禽异兽，放养在园苑之中，以供他和妲己观赏。

纣王对吃喝玩乐非常感兴趣。他觉得在宫内太单调了，于是妲己向他建议说："大王要想玩得尽兴，非要有'酒

池'‘肉林’不可。"

纣王说："何为酒池、肉林？"妲己说："挖一方圆百丈的池塘，用鹅卵石砌好，里面填满酒浆，是为‘酒池’。在山上树木枝丫上挂满熟肉，是为‘肉林’。人走近‘酒池’‘肉林’必然陶醉，妙舞自在其中了。"纣王说："爱妃奇思妙想，聪明绝伦，酒池肉林实堪赏玩。"于是传旨："兴建酒池肉林，令各路诸侯进贡，牛百头、羊千只、美酒万坛。"

各路诸侯虽然心中不满，但是王命难违，只好大肆盘剥众人奴隶。由于当时生产力还很低，粮谷酿酒，浪费极大，一年辛辛苦苦收获的粮食，大部分用来造酒，奴隶们只好用瓜菜充饥了。

于是奴隶们在地上挖出了一个大池子，中间注满美酒；在池子四周的树上挂满了肉，这就是被后人所不齿的"酒池肉林"。当时的生产力还极其低下，像这样的酒池肉林，不知要耗费天下多少人赖以

生计的五谷。更有甚者，纣王和妲己还命令男女在酒池肉林之间裸体嬉戏，而他们则坐在鹿台之上津津有味地观看。

纣王整天在酒池肉林之中与妲己一起风流快活的消息传出后，惊动了朝野群臣，比干等文武百官齐到酒池肉林见驾，冒着生命危险劝谏纣王回朝。纣王虽然心里怨恨，怎奈众怒难犯，不得不回朝歌临朝。

这日，纣王在大殿草草地敷衍一番后，便打着哈欠，令文武百官退朝，甩袖起驾还宫。妲己疑惑地说："君王精神倦怠，力不从心，难道为国事操劳耗神过度了吗？"

纣王说："予体魄健壮，不怕操劳，只是失去玩乐自由，故此精神不振。"

妲己听后，忙向纣王建议道："大王，酒池肉林虽好，但却是在宫外，臣妾想到了一个好主意，兴建鹿台。在上面堆满珍宝和各种奇异之物，这样一来可以解大王

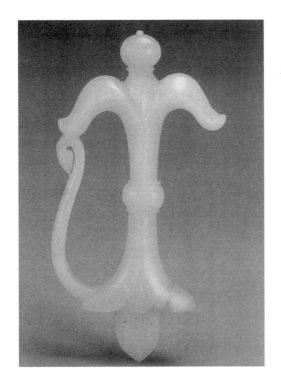

的烦闷，二来又可向世人展示大王的雄
威，如何？"

纣王当即表示同意，于是次日在朝中
同群臣商议修建鹿台，命令崇侯虎负责
督建，不等群臣反对，纣王就下令退朝，
群臣无可奈何。

崇侯虎遵从王命监造鹿台，择吉日，
破土动工，杀人祭祀，并且在朝歌郊外举
行了隆重的奠基仪式。

纣王和妲己亲临工地剪彩，号召军民为建造鹿台捐资出力。纣王说："建造鹿台具有深远的意义。它的建造，标志着我大商朝政治稳定，经济繁荣，百姓生活不断改善，致富不忘朝廷。臣民们，鹿台是我们大商朝的，因此，有钱的出钱，有物的出物，有力的出力，它利国利民，臣民们不要怠慢，有功者赏，违命者斩！"

崇侯虎有纣王撑腰，横征暴敛，驱赶着从东南夷俘虏的奴隶数万人，挖地洞，打地基，搬运木料、石材。鹿台地基全部使用水里的鹅卵石，成千上万的奴隶被驱

赶到河里捞取石头，河水暴涨，淹死者不计其数。

由于鹿台工程浩大，商朝国库很快便被掏空了。鹿台工程停下来了，崇侯虎告急。纣王下令："无论贵族、平民，一律捐资赞助。"王公大臣、文武百官大多嗟叹不已，背后骂纣王是败家子，怨声载道。

上大夫杨任，忠烈耿直，眼见国库空虚，不忍百姓劳苦，于是入宫劝谏纣王停建鹿台，务本劝农，保民施仁。纣王大怒，下令将他挖去双眼，永不录用。

崇侯虎督建鹿台，昼夜不停，死心塌地为纣王效犬马之劳。他又锦上添花，在鹿台四周广种奇花异草、圈养珍奇异兽，

使鹿台成为一个世人瞩目的游乐之地。

鹿台很快建立起来。在建成的那天，纣王和妲己闻听大喜，传旨文武百官、后宫嫔妃，齐到鹿台观赏。崇侯虎前面引路，纣王和妲己率文武百官、宫人侍女随后登上了鹿台。

看这鹿台，楼阁重重，碧瓦飞镜，亭台层层，兽马金环。在旭日下金碧辉煌，琳琅耀眼。真如瑶池仙府，天上宫殿。进入鹿台的正堂，名叫琼室。堂室四壁全用白玉砌成，顶棚上镶嵌夜明珠，光芒四射。地面上铺着墨绿麻毯，摆设着青铜礼器、美玉良金。

纣王看罢，君颜大悦。比干却不胜嗟叹，说："这鹿台建成，表面虽然虚荣，大商朝的内囊却空了。"

（四）炮烙之刑

纣王多日不理朝政，或与妲己在寿仙宫淫乐，或与妲己骑马射猎。朝中文武百

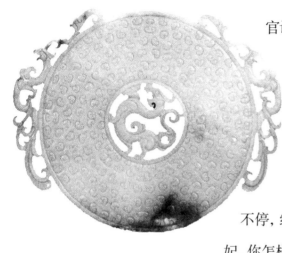

官议论纷纷。太师杜元铣，对于纣王的荒唐行径，看在眼里，忧在心中，他冒死向纣王劝谏，纣王把这件事告诉了苏妲己。

妲己听了纣王之言哭个不停，纣王不知如何是好，问道："爱妃，你怎样才能不哭呢？"妲己撒娇说："你下令杀了杜太师我就不哭。"纣王说："好！"当即命令侍御官传旨："杜元铣妖言欺君，斩首示众。"

首相商容接旨，嗟叹不已。无奈王命如山，将杜太师脱去官服，绑赴午门。

大夫梅伯见状，问明原委，求见纣王。纣王刚刚哄妲己破涕为笑，看见商容与梅伯求见，非常不高兴，问道："二卿何故擅闯后宫？"梅伯上前，问道："杜太师何罪，罪当处死？"纣王说："杜元铣掌管司天，紊乱视听，欺君枉上。身为大臣，却说朕的爱妃是狐狸精，欲除君

王所爱，所以要斩！"梅伯听纣王狡辩，厉声说道："昔尧舜治天下，应天顺民。言听文官，计从武将。每日上朝与百官共议治国安民之道，去谗远色，天下太平。如今君王半载不朝，乐在深宫，朝朝饮宴，夜夜欢淫，不理朝政，不容谏官，是何作为？君王若听信美人之言，斩忠良直言谏官，是自毁肱股，乞君王赦杜太师不死。"

纣王哪能听进如此教训之词，早就不耐烦了，说："首相乃前朝老臣，进后宫情有可原。梅伯擅闯后宫，目无君长，是与杜元铣同谋欺君，本当同时斩首，念尔侍予多年，免去死罪，贬为众人，永不启

用!"

梅伯闻听,气得七窍生烟,火冒三
丈,怒斥纣王说:"昏君,宠爱妇人而绝君
臣大义,令文武百官寒心。今罢梅伯,何
足道哉!今斩杜太师,是斩朝歌百姓啊。
可叹的是商朝几百年基业将葬送在妇人
之手,臣没脸见先王于九泉之下啊!"

纣王闻言盛怒,命令武士:"速将梅
伯推出去,用金瓜击死!"

妲己听梅伯一口一个妖妇地攻击自

己，早气得柳眉倒竖，咬牙切齿地说："大王，臣妾以为，像梅伯这样假借维护社稷之名，沽名钓誉的死硬派，不能杀头了之，应先上枷锁，关进监狱，再作处置，方可杀一儆百。"

纣王听妲己一说，即传旨："将梅伯上枷，送进监狱关押，听候裁决。速斩杜元铣首级。"

首相商容见纣王盛怒，不可劝说，当即跪倒在地，叩头说："老臣衰朽，不堪重任，终日惶恐不安，不堪为百官之长。君王年轻有为，聪明果断，老臣自知无用。望君王赦老朽残躯，放归故里，苟延余岁吧。"

商容本意是用辞职来提醒纣王，不可诛杀大臣，堵塞谏言之路。没想到，纣

王听商容辞职，并不介意。说："首相侍朝三世，劳苦功高。予却没有想到让首相安度晚年，是予之过也。既然首相心力不支，予也不忍心再让首相操劳了。"

商容听了，泪流满面，说："老臣告辞了，还望君王好自为之，如此则大商幸甚，百姓幸甚！"说完再拜谢恩，自归故里去了。

纣王打发商容走后，问妲己说："你看这事如何处理？"妲己说："大王日理万机，聪明果断，臣妾敬仰之至。不知君王用哪样刑罚处置梅伯？"

纣王说："自我高祖成汤以来，现有刑罚三百多种。处罚梅伯用哪个刑罚，这还没定下来。"

妲己趁机说道："臣妾有一个建议，

我大邑商朝,青铜冶铸技艺高超,世人有口皆碑。可令冶铸一空心铜柱,里面烧火,外面涂油,让犯人裸体在上面行走,这样他们就会被活活地烧死,筋骨粉碎,从而使那些乱臣贼子产生畏惧,这种刑罚如何?"

于是纣王下令让工匠们赶制铜柱,好尽快地对梅伯施以炮烙之刑。铜柱铸好之后,纣王下令群臣到大殿集合,观赏炮烙之刑。

行刑当天只见执刑官如狼似虎,剥净了梅伯的衣服,点起火炉,大扇子扇起风来。不一时,铜柱就红了,然后几个奴隶强将梅伯推上火柱,顷刻间,可怜梅伯,由头到脚,皮尽骨酥,顿时,化为灰烬。

此后,每行炮烙之刑时,用炭将铜柱烧得通红,除去犯人的鞋子而将他置于柱上,犯人的脚被烫得受不了了,就只能

在铜柱上狂跳不止，不久就跌下铜柱，葬身火海之中。每逢此时，惨叫之声不绝于耳，而娇艳的妲己看到这种情形，就会"咯咯"娇笑不止。纣王看到美人开心地笑了，便也会心花怒放，得意非凡。

文武百官自从见梅伯惨死，个个心惊胆寒，卷舌不言。微子启、仲衍、比干、黄飞虎等嗟叹不已。炮烙梅伯后，百官人人钳口结舌，没有谁再敢出面谏言，都唯命是从，诺诺而退。

"良药苦口利于病，忠言逆耳利于行。"一朝能有敢于直谏的忠臣，乃是国家之幸、社稷之福。然而，纣王和妲己用残酷的手段紧闭了进谏之门，耳旁只容阿谀奉承之音，任政治败坏，民不聊生。

敢于冒死进谏者有之，但向纣王上谏，只能落得"侠烈尽随灰烬灭"的下场，乃至于"孤魂无计返家园"。明知己言难被昏君所信，又何必自送性命呢？闭门大吉才是上上之策，更有甚者，投奔他处。商朝失去了这些忠臣，只留下一群拍马小人，亡国的命运，不言可知。

除去用炮烙残害忠良，为了取乐，妲己还想出了更为残忍的手段。

一日，纣王和妲己在摘星楼上欢宴，时值隆冬，天寒地冻，远远地看见岸边有几个人将要渡河，两三个老年人挽着裤腿正蹚在水中，但一些年轻人却犹豫不敢下岸。

纣王问妲己："河水虽然冰寒，但老人尚且不畏，年轻人却那么怕冷，这是何故？"

妲己回答："妾听说人生一世，得父

精母血，方得成胎。若父母在年轻时生子，那时他们身体强健，生下的孩子气脉充足，髓满其胫，即使到了暮年，依然耐寒傲冷；假如父母年老时才得子，那他们的孩子气脉衰微，髓不满胫，不到中年，便会怯冷怕寒。"

纣王极为惊讶："果真如此？"妲己道："大王不信的话，就抓住这些一起渡河之人，砍断他们的胫骨一看便知。"

纣王命人将过河的几个人活捉到楼下，一人一斧，砍断胫骨，果然见老年的那些人髓满，年少的却骨空。纣王大笑

道："爱妃料事如神！"妲己道："妾不但能辨老幼的强壮，即使妇女怀孕是男是女，我一看就知道。"纣王问："怎么才能知道？"妲己道："这也与父母的精血有关，男女交配时，男精先至，女血后临。属于阴包阳，定是男孩；若女血先至，男精后临，则肯定是女孩了。"

纣王不信，妲己则说道："大王不信的话，可以在城内抓几个怀孕的妇女验证。"纣王于是下令抓几十个怀孕妇女，集于楼下。妲己则一一指着说哪一个是男，哪一个是女。纣王命人剖开妇女的腹部验证，果然都如妲己所言。

(五) 残害忠良

昏聩的纣王在妲己的蛊惑之下,做出了种种令人发指的行为。商纣王令人在平地上立一雕画的高柱,顶端安放桔槔,把那些不听命的诸侯吊起来,观其挣扎之状,以此为乐。商朝三公之一的九侯,有一位端庄美丽的女儿被进献入宫,服侍纣王。因此女不喜淫,纣王便十分恼怒,不仅将她处死,还把她的父亲九侯也杀了,并剁成肉酱。商朝另一位三公鄂侯,

见纣王滥杀无辜,心中十分不满,便为九侯鸣冤叫屈,结果触怒了纣王,又遭处斩,尸体也被剁为肉泥,晒成肉干。西伯姬昌(即周文王)得知,心中不寒而栗,

又怨又恨，又担心自己也将面临同样的灾祸。商纣王的亲信崇侯虎窃知姬昌的表现后，便向商纣王告密。商纣王遂下令将姬昌抓了起来，拘禁在羑里。

姬昌长子伯邑考为父赎罪，不远千里，携带黄金珠宝以及美女数十名，愿意自为人质。相貌英俊的伯邑考被妲己看中，妲己趁纣王喝醉之际，以言语调戏他，伯邑考不为所动。

妲己听说伯邑考精通琴艺，心生一计，以学琴为名，对伯邑考说："你且移于上座，我坐你怀里，你用手拿我的手指拨弦，这样用不了一刻钟，我就能学会了。"伯邑考正色说："娘娘之法，使我在万年之后如何被后人评价？史官若将此记入史册，娘娘又将如何被评价？娘娘本为一国之母，后宫之主，今天为了学琴而放荡如此，成何体统？若此事传出宫外，虽娘娘冰清玉洁，世人又如何肯相信？"

妲己听了伯邑考所言，羞得面红耳

赤，无言以对，只好令伯邑考先行退下。姐己未能如愿以偿，便把一片爱他之心转为深仇大恨。姐己在纣王面前搬弄是非，说伯邑考在教她弹琴时用言语调戏她，非常无礼。

唯姐己之言是听的纣王大怒，要立即处死伯邑考。而姐己则想出了更"聪明"的办法，她命人用四根大钉钉住伯邑考的手足，用刀将他剁成肉酱，又将其做成肉羹，送与西伯侯姬昌食用，姬昌不得已而食之。商纣王却幸灾乐祸地说："谁说西伯是圣贤？吃了用自己儿子肉做的羹还尝不出滋味！"从此，西岐之地便与商朝结下了不解之仇，为其推翻殷商的统治埋下了仇恨的种子。

妲己的心狠手辣还不仅仅是这些，就连权倾朝野的亚相比干也难逃惨死。

种种酷刑封住了大臣的嘴，却封不住身为纣王叔父的亚相比干那颗忠心。残害大臣，炮烙忠良，这位当朝元老耳闻目睹，早已忍无可忍。他不顾其他臣子的好心相劝，直斥纣王，言道："大王不修先王的典法，而用妇言，大祸不远了。"

纣王初时还顾虑到他的身份，不与他计较。无奈妲己却难以忍受比干的羞辱，遂对纣王说道："我听说圣人的心有七窍，比干自诩为圣人，剖开比干的心如何？看他是不是一个真正的圣人？"

昏庸的纣王听从了妲己的话，走到比干面前道："家族之中，你是叔父，我是侄儿；朝廷之中，你是臣下，我是君上。君

叫臣死,臣不得不死。现在你欺君是不守臣节,这道理难道叔父不知吗?"

比干仰天长叹,道:"老臣就掏出心来给你看吧。"于是命武士:"取剑来给我!"侍御官取来青铜剑递给比干。比干接剑在手,望祖庙拜了八拜,尔后,解衣袒胸,将剑插入脐中,向上一挑,将胸膛切开,伸手进胸,掏出一颗活蹦乱跳的心来,往地下一掷,沉默不语,扪胸倒下,面如金纸一般地死了。

人没有了心不能活,而若是一个国家

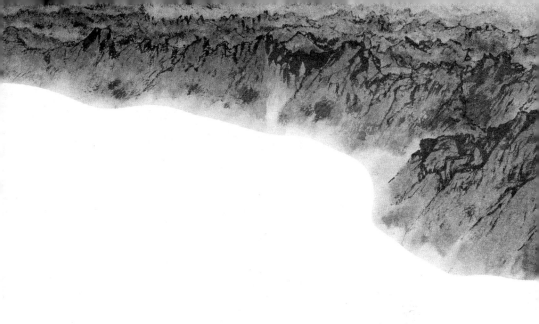

失去了心脏，又该如何存活呢，作为国君的纣王，就是商朝的心脏。如今这颗心脏已患上了严重的"心肌梗塞"，昏沉搏动，不能再为国家注入新鲜的血液，反而像癌细胞一样，四处侵蚀健康细胞且肆无忌惮，直至令整个国家灭亡。而作为王后的妲己，在其中起到了一种诱发癌变的作用，并且加速这种癌变的蔓延。商朝，即使是一个健壮的巨人，又怎能承受这种打击，更何况已是一个英雄迟暮的王朝。

四、武王灭商

（一）众叛亲离

纣王与妲己的暴行，已让殷商的仁人志士心寒，面对种种酷刑还不若装聋作哑，闭门大吉。于是，这就给了那些奸佞小人以可趁之机。他们凭着伶牙俐齿、三寸不烂之舌，将妲己吹捧得心花怒放。于是，费仲、尤浑、恶来这样的奸臣便乘此"东风"扶摇直上了。"远贤臣，亲小人"是一国将亡的征兆，商朝自不能免其俗。

费仲善于阿谀奸利，致使商朝王族不满；尤浑以谗毁贤者见长，致使各方属国纷纷与商朝中央疏远。而纣王和妲己却对他们信任无比，致使朝政大权旁落，朝中大臣深受其害。

据说商朝太师闻仲，北伐西归后，曾上谏十策：一拆鹿台，安民心不乱；二废炮烙，使谏臣尽忠；三填虿盆，宫患自安；四填酒池，拔肉林，掩诸侯谤议；五贬妲己，别立正宫，自无蛊惑；六斩费仲、尤浑，快人心以警不肖；七开仓廪，赈民饥馑；八遣使命，招安东南；九访遗贤于山泽；十大开言路，使天下无言塞之蔽。

　　若这十条都能为纣王所施行，那殷商尚有苟延之机，尤其是其中的第五、第六两条，实为大快人心之策。然而纣王却不以为然："今妲己德性贤净，并无失德，如何便加贬？中大夫费仲、尤浑二人，素有功而无过，何为谗佞，岂得便加诛戮？"

　　闻仲再奏道："王后惑大王造此惨刑，神鬼怒怨，屈魂无伸，乞速贬王后；则神喜鬼舒，屈魂瞑目，所以消天下之幽怨。速斩费仲、尤浑，则朝纲清净，国内

无谗。圣心无惑乱之虞，则朝政不期清而自清矣。愿大王速赐施行，幸无迟疑不决，以误国事，则臣幸甚。"

闻太师之语，可谓字字珠玑，全为保全社稷所虑。然纣王终不为所动，全由妲己"钦"点此事。两个奸臣得罪了太师，被迫将其囚于狱中，但当太师再赴东海远征之时，纣王又传下旨意："释放费仲、尤浑。"

彼时微子出班奏道："费、尤二人，

乃太师所奏系狱听勘者，今太师出兵未远，即时释放，似亦不可。"

纣王道："费、尤二人原无罪责，系太师屈陷。我岂不明？王伯不必以成议而陷忠良也。"微子不言下殿。不一时便赦出了两个奸臣，官复原职，随朝保驾。闻太师的一番苦心，全化做东流之水，耳畔秋风。

纣王剖比干、杀九侯、鄂侯，囚禁西伯侯，用酷刑杀害了许多贤良忠臣，举国

上下，一片恐怖。商纣王的哥哥微子启多次劝谏，毫无作用。微子启害怕大祸临头，偷偷地逃出国隐藏了起来。箕子装疯卖傻，被纣王囚禁了起来，当作奴隶使用。大臣们人人自危，纷纷叛离。大臣辛申、太颠、闳夭、散宜生、鬻子等均叛商投周。最后，连掌管文献典籍和音乐的太师、少师也携带乐器弃商而投周了。

（二）凤鸣岐山

西伯侯被囚禁在羑里，周大臣闳夭、
散宜生等人多方营救，他们从有莘氏那
里得到一位美女，然后又购买了许多良
马、珠宝美玉，贿赂商纣王的宠臣费仲，
让他帮助献给商纣王。商纣王见了美女、
良马、珠宝金玉之后十分高兴，于是决定
释放西伯侯。纣王觉得囚禁西伯侯那么
长的时间，释放他，又怕他对自己不忠。

于是重新加封他为"西伯侯"，并赏赐他一把宝剑，给予他讨伐不法诸侯的权力。

周文王受封西伯侯，又获得纣王的"尚方宝剑"，可以说是荣归故里。但是他知道，商纣王其实对自己并不放心，所以他暗中修德，施行仁政，敬老爱幼，礼贤下士；极力抑制物质享受的贪欲，力戒骄奢淫逸、玩物丧志；严以律己，宽以待人。他重视农业，亲自督促众人开荒种

地,大力发展生产事业。从中体察民情,
以了解小民稼穑之艰难。他还注意关照
那些鳏寡孤独、无依无靠的小民,想法为
他们解决衣食之难。

周文王还竭力拉拢各诸侯国。周文
王对诸侯以礼相待,和商纣王的暴虐残
横形成了鲜明的对比。许多诸侯国仰慕周
文王的德行,纷纷向西周靠拢。当诸侯国
之间发生争执时,他们也不找商纣王解
决,而是请周文王调解。例如山西南部的
虞、芮两国为了争夺国界上的一块土地,
多年征战不休,后来他们一起去找周文
王评理。两个人走到周国境内,看到周国
人遇事都相互谦让,于是都感到羞愧。两
个人不好意思再去找周文王,后来两国间
的那块土地谁也没有要,都是相互推让,
一直闲置了许多年。诸侯们听说了这件
事,都心向周文王,一时间许多诸侯都归
附了西周。

纣王的宠臣费仲见周文王的势力越

来越大，于是劝纣王："西伯侯姬昌贤明，百姓都爱戴他，诸侯国都归附他，必须要赶快将他除掉，要不然的话，肯定会成为大商朝的祸患。"商纣王说："他是个仁义之主，我怎么能杀他呢？"费仲说："帽子有了破洞，还是要戴在头上；鞋子即使再漂亮，还是要穿在脚上。现在西伯侯姬昌只是大王您的一个臣子，他行仁义，诸侯百姓爱戴他，总有一天他会成为大王的祸患的。作为人臣，他的聪明不为大王所用，反而到处树立自己的威信，和大王争夺民心。那么就要非杀不可，大王杀自己的臣子，有什么过错呢？"商纣王听不进费仲的劝告，说："施行仁义，是君王经常勉励臣子的话，现在西伯侯他施行仁义，我杀他又有什么借口呢？"商纣王最终没有接受费仲的建议。

在各方面准备工作基本就绪之后，文王在姜尚的辅佐下，制定了正确的伐纣军事战略方针。第一个步骤，就是剪商羽翼，对商都朝歌形成战略包围态势。为此，文王首先向西北和西南用兵，相继征服犬戎、密须、阮、共等方国，消除了后顾之忧。接着，组织军事力量向东发展，东渡黄河，先后剪灭黎、邘、崇等商室的重要属国，打开了进攻商都朝歌的通路。至此，周已处于"三分天下有其二"的有利态势，伐纣灭商只不过是时间问题罢了。

（三）牧野之战

正当姬昌准备进攻商朝时，他却因年老患病死去。由第三个儿子姬发继位，即周武王。武王决心继承父亲未竟的事业，拜姜尚为师，让兄弟周公旦、召公奭作助手，整顿内政，扩充兵力，联络同盟者，等待时机伐纣。

为了争取盟友们对周灭商的支持，姜尚向武王建议举行"孟津观兵"，也就是在孟津这个地方进行一次军事演习。他

认为这样首先可以检验一下各诸侯邦国对西周的态度，做到心中有数；其次可以看看纣王对这次行动作何反应，试探一下商纣王的虚实；最后可以利用这次观兵，让灭商部队进行一次战前演练。

武王听从了姜尚的建议，和他一起率甲士三万，虎贲三千，战车千乘，浩浩荡荡向孟津进发，队伍首尾长达二十多里。这次行动，武王一共向诸侯发出了一百多个请柬，但闻风前来的各路诸侯多达八百多个，带来了十多万士兵。孟津观兵取得了空前的成功。

在灭商之前，武王做了充分的准备。武王先派间谍到商朝，查看国情，回来的人说："坏人当权，混乱极了!"劝武王赶快发兵。但武王认为时机未到，后来间谍又回来报告，说："好人们全被废黜，可以进攻了!"周武王觉得是个很好的机会。公元前1046年（一说是公元前1057年）正月，周武王统率兵车三百乘，虎贲三千人，甲士四万五千人，浩浩荡荡东进伐商。同月下旬，周军进抵孟津，在那里与反商的庸、卢、彭、濮、蜀（均居今汉水流域）、羌、微（均居今渭水流域）、髳（居今山西省平陆南）等部落的部队会合。武王利用商地人心归周的有利形势，率本部及协同自己作战的部落军队，于正月二十八日由孟津（今河南孟县南）冒雨迅速东进。从汜地（今河南荥阳汜水镇）渡过黄河后，兼程北上，至百泉（今河南辉县西北）折而东行，直指朝歌。周师沿途

没有遇到商军的抵抗，故开进顺利，仅经过六天的行程，便于二月初四拂晓抵达牧野。

商纣王刚开始听到周武王进攻的消息时并不以为然，但当周武王的军队浩浩荡荡地渡过了黄河，一直打到商都郊外牧野一带时，商纣王才感到事态严重。可是他的主力部队都在东方战场上，一时间调不回来，于是他只好把战俘和奴隶武装起来，居然拼凑成了一支七十万人的军队，他想以七十万之众打垮周武王不足十万的兵力，岂非轻而易举。于是他又依旧享受玩乐，专等胜利的消息。商臣祖伊闻讯向商纣王直言进谏说："大事不好，上天要结束我们商朝了。不是先王不帮助其子孙，而是你荒淫乱政，自绝于先王，故上天也将你抛弃。当今的小民们没有不盼你早日灭亡的。"商纣王对此却置若罔闻，说："我有命在天，谁能奈何得了我？"

　　二月初五凌晨，周军布阵完毕，庄严誓师，史称"牧誓"。武王在阵前声讨纣王听信宠姬谗言、不祭祀祖宗、招诱四方的罪人和逃亡的奴隶、暴虐地残害百姓等诸多罪行，从而激起从征将士的斗志。接着，武王又郑重宣布了作战中的行动要求和军事纪律：每前进六步、七步，就要停止取齐，以保持队形；每击刺四五次或六七次，也要停止取齐，以稳住阵脚。严申不准杀害降者，以瓦解商军。誓师后，武王下令向商军发起总攻击。他先使"师尚父与百夫致师"，即让姜尚率领一部分精锐突击部队向商军挑战，以牵制迷惑敌人，并打乱其阵脚。

　　战斗开始了。周军的先锋像下山猛虎一般，冲向商军，惨烈的战斗一触即发。就在这紧要关头，商军前排的兵士们突然掉转矛头，朝后排冲去。原来这些都是被强征的奴隶和俘虏。他们早就恨透了纣王，根本不愿为他作战。这些奴隶同押送

他们的人厮杀起来，他们杀死卫兵之后，成了周武王的开路先锋，向殷都朝歌杀去。

（四）鹿台自焚

正当牧野大战时，商纣王仍在鹿台带领百官观看斗鸡，这时一场斗鸡正好结束，按惯例，侍从去场上取下一支箭尾羽呈给商纣王，忽然听到有人急报："周兵已到牧野，杀奔都城而来！"

商纣王闻报大惊，叹道："诸侯军马上就要攻入后宫了，予英勇聪慧一世，岂肯为叛臣贼子所辱？"遂命左右宫人，摆宴鹿台。

纣王携妲己登上鹿台，只见姬发率诸侯大军，城里城外，冲突喊杀，如入无人之境。纣王说："大势去矣。"传旨封宫官朱升："速于鹿台下架起干柴，此台是予一人所有，不可为姬发小儿所得，予一人同此台同归于尽。"

纣王见鹿台下堆满干柴，亲自斟酒，自与妲己在鹿台上饮宴起来。纣王酒过三巡，说："予死后，尔等必为姬发所占，予心又不忍见爱妻与我同归于尽，奈何？"说罢，不禁落下泪来。妲己闻言，也十分伤感，流着眼泪说："君王当初就不应该纳臣妾进宫。既进宫，更不应如此宠爱。事已至此，臣妾为君王捐躯就是了，请君王不必忧虑。"

纣王说："我与你恩爱一场，令人痛心。"妲己拉着纣王袍服，柔声娇语，也不知是悲是喜，哭得如泪人一般。纣王说："王后，不必悲啼。金樽美酒还在，何不痛饮一回？"

纣王连饮数杯，妲己又奉一杯祝寿，纣王一饮而尽，说："这酒实在难再饮了！"于是命左右宫人，速取宝衣、珍珠、玉贝来。纣王穿戴整齐，珠玉宝物，从头到脚缠满周身。打扮妥当以后，纣王说："孤本万乘天子之尊，不可为姬发小儿所掳，宫室珠宝玉贝亦不留于他人，你等下台去放火吧。"

于是，妲己下了鹿台，点燃了鹿台下的干柴，燃起熊熊大火，烈焰冲天，宇宙昏黑。只见纣王端坐鹿台之上，任凭烈火焚烧，纹丝不动。可叹一代商王，就这样葬身火海之中了。

妲己见纣王已死，心道："纣王所作所为，都是我的主意，如果我活着，也必然为天下人所不容。"想到此，妲己自刎而死，随商纣王而去。

武王进城，来到鹿台，不禁大吃一惊。鹿台上的亭台楼榭已成一片焦土，没烧尽的宫梁殿柱还冒着缕缕青烟。武王便下令士兵们寻找纣王的下落。不一会儿，武士们果然发现在灰烬里有一具尸体。那尸体倒在许多珠宝玉器堆中，相貌还依稀可辨，正是那罪大恶极的商纣

王。武王怒不可遏，对着这个死去的敌手连射三箭，并用剑砍纣王的尸体，然后命令士兵用"黄钺"将纣王头颅砍下，挂在大旗杆顶上。稍后，他又找到了妲己的尸体，武王又对着这具女尸连射三箭，用剑砍击尸体，然后换了一柄"玄钺"将她的头割下，挂在小白旗上。商王朝的统治结束了，周王朝的统治开始了。